Made in the USA
Middletown, DE
26 June 2022

67833194R00056